Daru

Vente des 18 et 19 Février 1867.

COLLECTION

DE

M. LE V^{TE} P. DARU

EXPOSITIONS { PARTICULIÈRE, le 16 Février 1867
PUBLIQUE, le 17 Février 1867

Me CHARLES PILLET, COMMISSAIRE-PRISEUR | M. CHARLES MANNHEIM, EXPERT

1867

COLLECTION

DE M. LE VICOMTE

P. DARU

ORDRE DES VACATIONS.

LE LUNDI 18 FÉVRIER 1867.

Cristaux de roche. — Travaux Européens.	36-56
— — Orientaux.	57-72
Jades.	73-98
Matières diverses.	99-112
Laques.	120-128

LE MARDI 19 FÉVRIER 1867.

Tabatières et Bonbonnières.	1-23
Miniatures et Bijoux.	24-35
Émaux cloisonnés.	113-119
Porcelaines de la Chine et du Japon.	129-150
Faïences italiennes et autres.	151-156
Verrerie de Venise.	157-159
Porcelaines, Bronzes, Meubles.	160-167

CATALOGUE

DES

OBJETS D'ART

ET DE CURIOSITÉ

Tabatières et Bonbonnières des époques Louis XV et Louis XVI;
Belles miniatures par Van Blarenberghe, Hall et autres:

MATIÈRES PRÉCIEUSES:

Cristaux de roche, Agates, Jades, Lapis-lazuli, etc.,
de travail Européen et Oriental:
Émaux cloisonnés, Laques, Porcelaines, Faïences, Verrerie de Venise.
Vases de Sèvres, Belle Vitrine, etc.

COMPOSANT LA PRÉCIEUSE COLLECTION

De M. le vicomte PAUL DARU

ET DONT LA VENTE AURA LIEU

Hôtel Drouot, Salle n° 8

Les Lundi 18 et Mardi 19 Février 1867

A DEUX HEURES PRÉCISES

Par le ministère de Me **Charles PILLET,** Commissaire-Priseur,
rue de Choiseul, 11,

Assisté de M. **Charles MANNHEIM**, expert, 10, rue de la Paix

EXPOSITIONS:

PARTICULIÈRE: *le Samedi* 16 *Février* 1867;
PUBLIQUE: *le Dimanche* 17 *Février* 1867;
De une heure à cinq.

CONDITIONS DE LA VENTE

Elle sera faite au comptant.

Les adjudicataires payeront *cinq pour cent* en sus des enchères.

L'exposition mettant le public à même de se rendre compte de l'état des objets, il ne sera admis aucune réclamation une fois l'adjudication prononcée.

Ce Catalogue se trouve :

A Paris, Chez MM.	Charles PILLET, Commissaire-Priseur, 11, rue de Choiseul.
—	MANNHEIM, Expert, 10, rue de la Paix.
A Londres,	COLNAGHI, 14, Pall-Mall-East.
—	JOHN WEBB, 22, Cork-Street, Burlington-Garden.
—	H. DURLACHER, 113, New-Bond street.
—	F. DAVIS, 101, New-Bond street.
—	GAMBART, 120, Pall-Mall.
A Bruxelles,	ETIENNE LEROY, 12, place du Grand-Sablon.
A Rotterdam,	LAMME, conservateur du Musée.
A Amsterdam,	BOASBERG, WARMŒSTRAAT.
A La Haye,	VAN GOGH, marchand d'estampes.
A Berlin,	FIOCATI, Unter den Linden, 21.
—	LEPKE, Unter den Linden, 12.
A Vienne,	ARTARIA et Ce.
—	Maison GOUPIL, représentant M. KAESER.
A Francfort-s.-Mein,	LŒWENSTEIN frères, Zeil.
—	GOLDSCHMIDT, Zeil, hôtel de Russie.
A Saint-Pétersbourg,	NEGRI père et fils.

Paris. Imp. PILLET FILS AINÉ, rue des Grands-Augustins, 5.

DÉSIGNATION

DES OBJETS

TABATIÈRES ET BONBONNIÈRES

1 — Très-belle miniature ronde sur vélin, par Van Blarenberghe (signée), représentant une fête champêtre; composition d'un grand nombre de figures, d'un fini remarquable. Cette miniature, montée dans un cercle d'or gravé, avec large filet d'émail bleu d'empois, est placée sur une boîte ronde en écaille doublée en or, et garnie de galons en or, gravé à chaînette, sur fond émaillé noir. Diam. de la miniature, 74 millim.

2 — Autre très-belle miniature ronde sur vélin, par Van Blarenberghe (signée). Elle représente une fête de village; au premier plan, un groupe de figures regarde des marionnettes qu'un personnage fait danser au son de la

musette. Au fond, à droite, des villageois se livrent au plaisir de la danse. Cette miniature est montée sur une boîte entièrement semblable à celle qui précède. Diam. de la miniature, 74 millim.

3 — Grande et belle tabatière carrée, en or guilloché et émaillé gros bleu, offrant sur chacune de ses faces des groupes de personnages et des monuments exécutés en nacre de perle et en burgau, très-finement sculptés en relief et appliqués sur des terrasses d'or ciselé. Les colonnes et l'entablement des ruines du monument qui ornent son couvercle sont enrichis de diamants. Cette boîte est doublée et montée à cage en or ciselé, et son bec est garni de brillants. Travail précieux de Dresde, du temps de Louis XV.

4 — Jolie boîte de forme ovale, en or guilloché et émaillé de rouge, avec cordons et pilastres finement ciselés, à feuillages en relief émaillés vert émeraude et filets d'émail blanc. Le couvercle est enrichi d'une peinture très-fine sur émail, représentant un portrait de femme en costume et de l'époque de Louis XIV, avec entourage en or ciselé émaillé blanc et feuillages verts. La boîte date du temps de Louis XVI.

5 — Boîte du temps de Louis XVI, émaillée violet sur fond guilloché, doublée et montée en or, à cordons ciselés et découpés à jour. Le couvercle est orné d'un portrait de Louis XIV peint sur émail, par Petitot.

6 — Jolie boîte en or gravée, décorée de bouquets de fleurs et de cordons à rosaces réservés et émaillés en plein en couleurs. Travail du temps de Louis XV. Cette boîte provient de la Collection de feu M. le duc de Morny.

7 — Boîte ovale du temps de Louis XVI en or guilloché, à mille raies et pois, et enrichie de cordons et de pilastres finement ciselés, à feuillages et ornements. Le couvercle est orné d'une mosaïque de Rome très-finement exécutée, par Barberi, représentant une paysanne et un paysan russes dansant au son de la mandoline.

8 — Bonbonnière ronde en écaille blonde posée à pois d'or et galonnée en or. Le couvercle est orné d'un portrait de femme finement peint en miniature sur ivoire. Époque Louis XVI.

9 — Boîte de forme oblongue à angles coupés en écaille. Le couvercle est orné d'une miniature sur vélin représentant une joute sur l'eau, attribuée à De Lioux de Savignac. Cette miniature est montée dans un cadre à réverbère en or ciselé.

10 — Boîte ronde en ivoire. Le couvercle est orné d'une miniature représentant le Coucher de la Mariée et signée Lawrence.

11 — Boîte de forme oblongue, en or ciselé. Le couvercle est orné du portrait du roi Louis-Philippe, peint en miniature sur ivoire et signé Meuret, d'après Winterhalter.

12 — Charmante boîte de forme contournée en lapis lazuli de très-belle nuance, le fond taillé à cuvette et le couvercle à moulure gravée ; le pourtour est en or gravé à quadrilles, et la monture à charnière en or, à moulures guillochées, porte le nom *Duflos Adres.*

13 — Petite bonbonnière ronde en lapis-lazuli, taillé à moulures, et montée à gorge en or.

14 — Grande et belle boîte de forme contournée, en cristal de roche taillé à cuvette ; montée à gorge en or à moulures.

15 — Très-jolie bonbonnière ronde en cristal de roche taillé à cuvette ; elle est montée à gorge à charnières et garnie de festons de lauriers en or finement ciselés et découpés à jour. Époque Louis XVI.

16 — Boîte ronde en cristal de roche, taille diamant, montée à gorge à charnière, en argent gravé et doré.

17 — Boîte de forme contournée et longue, en cristal de roche enfumé, taillée à cuvette et montée à gorge à charnière en bas or gravé à ornements.

18 — Petite boîte de forme contournée, en cristal de roche taillé à cuvette et à canaux creux, au pourtour et sur le couvercle. Elle est montée à gorge à charnière en vermeil.

19 — Boîte de forme carrée à angles arrondis, en cristal de roche taillé à cuvette, et à fleurs et cordons finement gravés en relief. Le couvercle est gravé en creux. Gorge à charnière en vermeil.

20 — Petite boîte en cristal de roche taillé à cuvette et montée à gorge en vermeil gravé.

21 — Boîte ovale du temps de Louis XV, en poudre d'écaille noire posée et piquée en or et burgau, représentant quantité d'attributs et ustensiles. Elle est montée à gorge à charnière et doublée en doublé d'or.

22 — Boîte de forme oblongue en ancienne porcelaine de Saxe, décorée d'un jeté de fleurs en couleurs, sur fond blanc et présentant à l'intérieur du couvercle un sujet champêtre à figures. Monture à gorge en vermeil.

23 — Bonbonnière ronde, en verre taillé à côtes, garnie d'une gorge unie en or, et dont le couvercle est orné d'une couronne et d'un bouquet de fleurs en or de couleur ciselé et enrichi de pierreries.

MINIATURES ET BIJOUX

24 — Belle miniature ovale sur vélin, attribuée à Petitot; portrait de jeune homme portant la perruque à rallonges. Elle est montée dans un cadre à réverbère en or, avec filet d'émail bleu.

25 — Belle miniature ovale sur ivoire, représentant une jeune femme vue à mi-corps. On lit au revers: Hall, *portrait de sa femme, peint par Hall*, 1775. Cadre gravé à chaînette et doré.

26 — Jolie miniature ovale sur ivoire, dans la manière de Hall. Portrait de jeune fille vue à mi-corps. Cadre en bronze doré à ruban et fleurs ciselées.

27 — Belle miniature ovale sur ivoire, par Hall (signée). Portrait d'homme vu de trois quarts, les cheveux poudrés. Cadre en or.

28 — Très-bel étui en vernis de Martin, décoré de jeux d'amours dans le style de Boucher, finement peints sur fond d'or. Ce précieux étui a appartenu à la Reine Marie-Antoinette. Il provient de la vente de Ducreux, peintre de la Reine.

29 — Étui ovale en vernis de Martin, décoré d'amours sur fond d'or.

30 — Navette du temps de Louis XVI, en laque noir montée en or et décorée de médaillons en laque d'or du Japon. Cette navette provient, comme l'étui numéro 28, de la vente Ducreux, et aurait aussi appartenu à la Reine Marie-Antoinette.

32 — Petite cassolette en forme d'œuf en jaspe sanguin montée en or repoussé, à cornes d'abondance et ornements. Époque Louis XV.

33 — Petite cassolette ovale en cristal de roche, montée à gorge à charnière en or. Étui en galuchat.

34 — Petite boîte ronde en cristal de roche, montée en bas or; le couvercle est formé par un cadran solaire. Époque Louis XVI.

35 — Deux jolies boîtes de forme trilobée et reposant sur trois griffes de lion, en filigrane d'argent très-fin rehaussé de parties dorées. Travail de l'Inde.

CRISTAUX DE ROCHE.

TRAVAUX EUROPÉENS.

36 — Grande et belle coupe modèle coquille, taillée à lobes et enrichie de rinceaux et d'insectes finement gravés en creux. Elle est montée sur un pied élevé à balustre. Travail milanais du XVIe siècle. Cette pièce a reçu sous Louis XV une anse, modèle rocaille, en bronze finement ciselé et doré. Haut., 14 cent.; larg., 24 cent.

37 — Jolie coupe en forme de coquille longue, très-bien évidée, et enrichie de canaux creux finement gravés dans le sens de la longueur. Cette pièce est montée sur un piédouche bas garni en vermeil. Travail milanais du XVIe siècle. Haut., 10 cent.; larg., 21 cent.

38 — Verre à boire, de forme ovale et à huit lobes, en cristal de roche finement gravé à rinceaux, corbeilles de fleurs et cariatides, et monté sur un piédouche ovale à balustre. Travail italien du XVIe siècle. Haut., 13 cent.

39 — Vidrecome de forme cylindrique à couvercle et monté sur un pied élevé à balustre. La panse est couverte de festons de vigne gravés en creux. Le couvercle et le pied sont taillés à canaux creux. On lit sur une de ses douilles en vermeil : *Vivat Carolus VI. Ro. Imper.* Travail du XVIe siècle. Haut., 26 cent.

40 — Charmante petite coupe ovale, en cristal de roche gravé en creux à rinceaux, dauphins, etc. Travail italien du XVIe siècle. Cette pièce est montée sur un piédouche et garnie de deux anses à rinceaux en or émaillé dans le style des bijoux de la renaissance. Haut., 8 cent.; larg., 13 cent.

41 — Petite coupe ronde et à six lobes, en cristal de roche, garnie de deux petites anses prises dans la masse et à dragons et arbustes gravés en creux. XVIe siècle. Haut., 4 cent.; larg., 12 cent.

42 — Petite corbeille ovale en cristal de roche, dont la base et la partie supérieure sont taillées à torsades. Anse mobile en or. XVIe siècle. Haut., 4 cent. ; larg., 6 cent.

43 — Buste d'homme en cristal de roche; travail de ronde bosse. Une couronne de laurier et une draperie qu'il porte sur l'épaule gauche ont été rapportés, en bronze doré. Le piédestal, plaqué en lapis lazuli et en cornaline, est garni de riches moulures en bronze doré. Travail italien. Haut. totale, 26 cent.

44 — Jolie coupe de forme ovale, dont les extrémités, taillées à angles vifs, sont ornées de feuilles en relief. Elle est supportée par une figure d'enfant debout et nu, armé d'un carquois et tirant de l'arc, en argent doré. Haut. 16 cent.; larg. 15 cent.

45 — Coupe ovale en cristal de roche, enrichie de festons de fleurs et d'oiseaux gravés en creux. Elle est montée sur un piédouche à balustre en argent orné de deux colombes, de branches de roses et d'écussons très-finement ciselés. Travail moderne. Haut. 12 cent.; larg. 11 cent.

46 — Coupe de forme ovale et à quatre lobes en cristal de roche, gravée à fleurs et ornements. Elle est montée sur un pied en vermeil en forme d'arbuste, dont les feuillages sont émaillés vert et dont l'extrémité des branches est garnie de perles fines et sert d'appui à des oiseaux, en ronde bosse. Une figurine d'amour debout, tirant de l'arc, repose sur la terrasse. Travail moderne. Haut. 16 cent.; larg. 15 cent.

47 — Deux petites coupes, modèle coquille, en cristal de roche de très-belle qualité. Haut. 8 cent.; larg. 10 cent.

48 — Deux petites coupes ovales, montées sur piédouche et enrichies d'ornements finement gravées en creux. Haut. 55 millim.; larg. 72 millim.

49 — Très-petit gobelet en cristal de roche, à dragons et oiseaux gravés en creux, et garni en vermeil. Haut. 45 millim.

50 — Grande coupe de forme contournée en cuivre émaillé bleu clair, avec groupes de fruits et de fleurs en relief; enrichie de plaques en cristal de roche en forme de feuilles et de rosaces, et garnie de pierreries. Le pied, élevé, est formé de pièces en cristal de roche garnies d'ornements et de pendentifs en émail de travail analogue à la coupe. Style Louis XIII. — Haut., 24 cent. : larg., 22 cent.

51 — Christ en vermeil appliqué sur une croix en cristal de roche, reposant sur un socle triangulaire à balustres cannelés et monté en vermeil. — Haut. totale, 24 cent.

52 — Petite coupe en forme de coquille, sur pied élevé en cristal de roche garni en vermeil et enrichi d'une figurine de triton monté sur un cheval marin, en vermeil et parties émaillées dans le style de la Renaissance.—Haut., 13 cent.

53 — Garniture de trois petits vases, à panses ovoïdes, en cristal de roche et montés à anses, piédouche et gorge en argent émaillé à fleurs de couleurs en relief sur fond bleu et garni de pierreries. Style Louis XIII. — Haut., 12 et 10 cent.

54 — Deux petites aiguières à panses en cristal, de roche en forme de polyèdre; piédouche de même matière et monture en vermeil. — Haut., 12 cent.

55 — Flacon à panse droite en cristal de roche, monté en vermeil et enrichi d'appliques découpées à jour représentant Saint-Georges terrassant le dragon, en argent émaillé dans le style des bijoux de la Renaissance. — Haut., 14 cent.

56 — Flacon à six pans garni d'appliques en cristal de roche et monté en vermeil avec parties décorées d'émaux translucides et de rinceaux découpés à jour. Travail moderne. — Haut., 11 cent.

CRISTAUX DE ROCHE.

TRAVAUX ORIENTAUX.

57 — Très-beau groupe composé d'un canard supportant un vase modèle balustre à anse carrée, d'une large fleur, de boutons et de branchages. Le tout pris dans la masse et découpé à jour. Cette pièce est remarquable par son volume, la difficulté de son travail et la pureté de la matière. Travail chinois. — Haut., 115 millim.; larg., 140 millim.

58 — Beau vase modèle cornet à quatre lobes et à panse renflée, enrichi de dragons sculptés en relief. Cette pièce, parfaitement évidée, se recommande par l'élégance de sa forme et la pureté de sa matière. Travail chinois. — Haut., 17 cent.

59 — Charmante aiguière de forme antique, surbaissée et à couvercle bombé, enrichie d'ornements gravés en relief et à anse formée par une grecque prise dans la masse et découpée à jour. Forme élégante et rare; matière très-pure. — Haut., 11 cent. ; larg., 12 cent.

60 — Vase modèle balustre légèrement aplati, décoré de dragons sculptés en relief et à anses garnies d'anneaux mobiles pris dans la masse. Travail chinois. — Haut., 12 cent.

61 —Vase de forme analogue, reposant sur le dos d'un oiseau, dont les ailes ouvertes viennent s'appliquer sur la panse du vase; les anses de ce dernier sont formées de têtes d'éléphants garnies d'anneaux mobiles, et le tout est pris dans le bloc, avec parties découpées à jour. Travail chinois. — Haut., 13 cent.

62 — Vase en forme de balustre aplati, parfaitement évidé, et à deux anses en S, découpées à jour. Son couvercle à gorge est surmonté d'un ornement repercé à jour. Travail chinois. — Haut., 155 millim.

63 — Vase analogue à celui qui précède, mais sans couvercle. — Haut., 14 cent.

64 — Joli vase en forme de balustre aplati, à gorge et à goulot droit garni de deux anses de forme cylindrique repercées à jour dans le sens de la hauteur et prises dans la

masse. Ce vase, parfaitement évidé d'épaisseur et dont la matière est très-pure, est enrichi d'ornements finement gravés en relief. Socle en ivoire teint en vert. Travail chinois. — Haut., 14 cent.

65 — Jolie coupe de forme ovale évidée d'épaisseur et à panse droite enrichie d'animaux et d'ornements finement gravés en relief. Travail chinois de style indien. — Haut., 55 millim.; larg., 115 millim.

66 — Petit vase modèle balustre décoré de dragons gravés en creux et à deux anses découpées à jour et prises dans la masse. Le couvercle est surmonté d'une chimère et il est monté sur un pied de cristal de roche. Travail chinois. — Haut., 165 millim.

67 — Vase en forme de balustre à huit pans, garni de deux anses découpées à jour et à couvercle surmonté d'une chimère. Socle carré en cristal de roche gravé à ornements. Travail chinois. — Haut., 18 cent.

68 — Vase, modèle balustre aplati, décoré d'ornements gravés en relief et à deux anses formées d'oiseaux. Le couvercle est surmonté d'une chimère. Socle en ivoire teint en rouge. Travail chinois. — Haut., 14 cent.

69 — Très-petit vase en forme de balustre évidé, décoré de figures dans des paysages, gravés en relief, et à anses têtes d'animaux prises dans la masse et découpées à jour. Socle en bois sculpté en forme d'oiseau couché. Travail chinois. — Haut., 65 millim.

70 — Vase de forme allongée et presque droite, garni de deux anses figurées par des têtes chimériques gravées en relief. Travail chinois. — Haut., 115 millim.

71 — Écritoire en forme de dragon couché. Travail chinois. Cette pièce a reçu, en Europe, une monture en vermeil enrichie de demi-perles, de turquoises et de rubis. Socle en bois de fer sculpté. — Larg., 12 cent.

72 — Groupe. —Poussah accroupi s'appuyant de son bras gauche sur un animal couché près de lui. Travail chinois. Socle en bois sculpté. — Haut., 12 cent.; larg., 15 cent.

JADES

73 — Jade vert émeraude. — Tasse de forme ronde unie et sans anse, évidée d'épaisseur. Très-belle matière. — Haut., 6 cent. ; diam., 8 cent.

74 — Jade blanc laiteux.—Très-belle théière, de forme sphérique, sculptée à godrons, et à goulot formé par une tête de bélier finement gravée et prise dans la masse. Le couvercle, gravé à godrons, est surmonté d'un bouton taillé à côtes.

Cette pièce, d'une forme très-élégante et d'un travail remarquable, est garnie à sa partie supérieure d'une anse triple surélevée, en bronze gravé et doré, enrichie de poissons et d'ornements en émail cloisonné. — Haut., sans l'anse, 12 cent. ; avec l'anse, 19 cent.

75 — Jade blanc laiteux.—Très-belle coupe ronde unie et parfaitement évidée d'épaisseur, garnie de deux petites anses gravées à feuilles et prises dans la masse. — Haut., 7 cent. ; diam., 14 cent.

76 — Jade blanc.—Beau brûle-parfums de forme surbaissée, reposant sur trois pieds bas et à deux anses surélevées en forme d'S, prises dans la masse ; sa panse est décorée d'ornements gravés et son couvercle, en forme de coupe renversée, est enrichi de trois petits béliers couchés en ronde bosse reposant sur des lambrequins gravés à ornements. — Haut., 15 cent. ; larg., 25 cent.

77 — Jade blanc verdâtre. — Joli vase, en forme de balustre aplati, entièrement couvert d'ornements finement gravés en relief et à anses têtes d'éléphants garnies d'anneaux mobiles, le tout pris dans la masse. Le bouton de son couvercle est enrichi d'ornements découpés à jour. Socle en jade vert à ornements découpés à jour. — Haut. totale, 25 cent.

78 — Jade verdâtre. —Deux jolis vases, modèle balustre uni, parfaitement évidés d'épaisseur et à couvercle bombé surmonté d'une corbeille découpée à jour. Travail remarquable. — Haut., 145 millim.

79 — Jade blanc verdâtre. Grande coupe ronde décorée au bord d'ornements gravés en relief et à deux anses formées de têtes chimériques ailées garnies d'anneaux mouvants, le tout pris dans la masse. — Haut., 9 cent.; larg., 25 cent.

80 — Jade blanc verdâtre.—Joli vase de forme droite et ovale de plan, décoré d'une large frise gravée à pois en relief. Son anse est formée d'une grecque sur laquelle un dragon chimérique s'appuie et dont la tête dépasse l'orifice du vase. Le tout pris dans le bloc et découpé à jour. Travail remarquable. — Haut., 15 cent.

81 — Jade blanc verdâtre.—Vase en forme de cornet losangé et à panse renflée, décoré de grues sacrées, de dragons et de divers attributs gravés en relief. Socle en bois de fer sculpté, découpé à jour et incrusté de filets d'argent. — Haut., 22 cent.

82 — Jade blanc verdâtre.—Charmant petit brûle-parfums à deux anses et à base carrée prises dans la masse. Toutes les parties de cette pièce, ainsi que le couvercle, sont enrichies d'ornements et de dragons gravés en relief. — Haut., 11 cent.; larg., 13 cent.

83 — Jade blanc grisâtre.—Coupe de forme antique à une anse tête chimérique prise dans la masse et découpée à jour. Cette pièce est décorée au pourtour d'ornements variés gravés en relief. Socle-étagère en bois. — Haut., 9 cent.; larg,, 18 cent.

84 — Jade blanc verdâtre.—Coupe ronde unie, garnie de deux anses composées de branches de fleurs finement gravées, découpées à jour et prises dans la masse. Cette pièce repose sur un plateau de forme carré long à angles arrondis, dont le centre présente un ombilic très-saillant, gravé à ornements et à perles. — Haut. de la coupe, 6 cent.; larg. du plateau, 18 cent.

85 — Jade blanc. — Petite coupe en forme de fruit évidé et à anse prise dans la masse. Son pied est gravé en forme de rosace. — Haut., 35 millim.; larg., 95 millim.

86 — Jade blanc verdâtre. — Grue sacrée montée sur rocher et tenant une branche de fleurs dans son bec. Le tout pris dans la masse et découpé à jour. Socle en bois sculpté. — Haut., 15 cent.

87 — Jade gris.—Carpe debout formant vase, entourée de dragon, poisson et flots de la mer; le tout pris dans le bloc et découpé à jonr. Socle en bois sculpté. — Haut., 21 cent.

88 — Jade verdâtre.—Jolie théière de forme orientale surbaissée, à couvercle bombé et parfaitement évidée. Travail de l'Inde. — Haut., 17 cent.

89 — Jade vert clair. — Boucle de ceinture enrichie de rubis cabochons incrustés et sertis en or. Travail de l'Inde. — Larg., 66 millim.

90 — Jade vert émeraude. — Boîte de forme contournée et dont le couvercle, figurant un groupe de fruits, est enrichi d'incrustations en matières diverses. — Haut., 3 cent.; larg., 8 cent.

91 — Jade vert clair.—Joli petit vase en forme de balustre carré et aplati, enrichi d'ornements gravés en relief et à anses découpées à jour et prises dans la masse. Belle matière. — Haut., 16 cent.

92 — Jade vert. — Vase à large ouverture et dont la base simule une tête d'éléphant. Il est enrichi de dragons et d'ornements gravés en relief. Pièce curieuse. — Haut., 14 cent.

93 — Jade vert.—Brûle-parfums de forme sphérique surbaissée, reposant sur trois pieds très-bas et à anses, têtes chimériques et anneaux mobiles, prises dans la masse. Sa panse ainsi que son couvercle sont décorés d'ornements et d'arêtes en relief. — Haut., 13 cent.; larg., 16 cent.

94 — Jade vert.—Pitong dont le pourtour est décoré de paysages et de figures finement gravés en relief. — Haut., 11 cent.

95 — Jade vert. — Coupe ronde et basse présentant à l'intérieur des branches de fleurs gravées en relief. Socle en bois sculpté. — Haut., 35 millim.; diam., 145 millim.

96 — Jade vert. — Petite coupe ronde ornée d'une grecque gravée, et à deux anses prises dans la masse et découpées à jour. — Haut., 4 cent.; larg., 12 cent.

97 — Jade vert.—Petite coupe ronde dont la panse est décorée d'ornements gravés en relief et dont l'anse est formée par une figurine d'enfant debout tenant une fleur. Socle en bois sculpté. — Haut., 55 millim.; larg., 70 millim.

98 — Jade vert.—Six petites tasses rondes, unies et sans anses. — Haut., 38 millim.; diam., 68 millim.

MATIÈRES PRÉCIEUSES DIVERSES

99 — Agate orientale blonde. — Coupe ovale montée sur piédouche à balustre en même matière et montée à feuillages émaillés blanc et filets bleus dans le style du XVIe siècle. — Haut., 13 cent.; larg., 125 mill.

100 — Agate orientale blonde.—Coupe de mêmes forme et monture que celle qui précède et pouvant lui servir de pendant. — Haut., 13 cent,; larg., 125 millim.

101 — Agate orientale mamelonnée et sardonisée. — Coupe ronde à couvercle, montée sur piédouche, à anses et à gorge en vermeil. Elle repose sur un socle en bronze doré, garni d'un anneau en agate orientale. Collection Pourtalès. — Haut. totale, 16 cent.

102 — Cristal de roche enfumé. — Petit vase forme Médicis gravé à canaux creux et monté sur un petit piédestal carré en lapis. — Haut. du vase, 95 millim.; haut. du socle, 6 cent.

103 — Agate blonde avec taches brunes.— Petit canon monté sur son affût, le tout en même matière. Chacune des roues est prise dans un seul morceau d'agate. Pièce curieuse. — Long. totale, 30 cent.

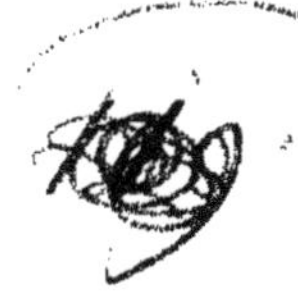

104 — Agate jaunâtre.—Animal fantastique couché, supportant un petit vase modèle balustre à deux anses et ornements gravés ; le tout pris dans la masse. Socle en bois sculpté. Travail chinois. — Haut., 16 cent., larg., 14 cent.

105 — Agate orientale mamelonnée.—Petite coupe ronde garnie de deux anses formées de dragons fantastiques découpés à jour et pris dans la masse. Travail chinois.— Haut., 4 cent.; larg., 11 cent.

106 — Agate orientale blanchâtre. — Petit vase en forme de balustre aplati, uni et à couvercle surmonté d'une chimère. Travail chinois. — Haut., 12 cent.

107 — Agate blanchâtre et taches rouges. — Coupe de forme contournée décorée de chauves-souris et de feuillages gravés en relief.. Socle en bois sculpté. Travail chinois. — Haut. 5 cent.; larg. 10 cent.

108 — Lapis-lazuli. — Joli petit vase en forme de balustre, décoré de dragons gravés en relief et à anses figurées par des têtes d'animaux chimériques et des anneaux saillants. Travail chinois. Socle en bois sculpté.—Haut. 12 cent.

109 — Lapis-lazuli. — Petit vase en forme de double rouleau debout, gravé à grecques et portant une longue inscription. Travail chinois. Socle en bois sculpté, incrusté de matières diverses. — Haut. 9 cent.

110 — Lapis-lazuli.—Boîte de forme ovale, dont le pourtour est orné d'une grecque gravée en creux, et dont le couvercle offre un dragon gravé très-peu saillant. Travail chinois. — Haut. 4 cent.; larg. 7 cent.

111 — Agate orientale blonde. — Petite coupe ovale taillée à canaux creux. — Larg. 85 millim.

112 — Cornaline.—Petite coupe ovale unie.—Larg. 85 millim.

ÉMAUX CLOISONNÉS

113 — Deux jolis vases, modèle balustre renversé, décorés de fleurs et d'ornements en couleur, sur fond bleu turquoise. Socle en bois de fer. Haut. 20 cent.

114 — Beau brûle-parfums de forme ronde surbaissée et reposant sur un socle carré. Cette pièce est couverte d'un riche décor en couleur, sur fond bleu turquoise. Les anses, en émail cloisonné, s'échappent de têtes de dragons en bronze doré. Socle à gorge en bois sculpté et découpé à jour. Haut. totale 23 cent. ; larg. 24 cent.

115 — Joli vase de forme carrée et droite, à angles arrondis et rentrants, en émail cloisonné, à médaillon de fleurs sur fond bleu turquoise et rosaces se détachant en rouge sur fond bleu. Belle qualité. Haut. 12 cent.

116 — Trois plateaux à cinq lobes sur pied cylindrique en émail cloisonné à fleurs, ornements et attributs en couleurs, sur fonds bleu et jaune alternés. Haut. 45 millim. ; diam. 14 cent.

117 — Joli petit vase en forme de bouteille, à panse ovoïde, en émail cloisonné à fleurs, sur fond bleu turquoise. Haut. 125 millim.

118 — Boîte de forme lenticulaire en émail cloisonné à fleurs, sur fond bleu turquoise. Belle qualité. Haut. 55 millim. ; diam. 75 millim.

119 — Deux coupes rondes et surbaissées, décorées d'un grand nombre de caractères réservés en or sur fond d'émail bleu foncé. Haut. 7 cent. ; diam. 15 cent.

120 — Petite boîte en forme de double losange, décorée de grecques émaillées rouge sur fond vert. Socle en bois sculpté. Haut. 4 cent.; larg. 8 cent.

LAQUES

121 — Très-belle boîte de forme oblongue à couvercle et tiroir en bois d'aigle laqué en or en relief et couleurs sur fond naturel. Elle offre sur chacune de ses faces des paysages avec cours d'eau et figures de la plus grande finesse d'exécution. Ouvrage japonais remarquable. Haut. 10 cent. ; larg. 27 cent.

122 — Jolie boîte à trois compartiments renfermant deux petites boîtes en laque d'or du Japon, décorées d'oiseaux, de rosaces et de paysages. Son couvercle à recouvrement offre des feuilles d'éventails représentant des arbustes et des oiseaux en or sur fond laqué noir et pailleté d'or. Qualité rare. Haut. 7 cent. ; larg. 10 cent.

123 — Boîte de forme carrée et plate à angles arrondis, en laque d'or du Japon. Le couvercle présente, en retraite, un médaillon décoré d'un personnage dans une barque. L'intérieur est aventuriné. Larg. 85 millim. ; long. 10 cent.

124 — Jolie trousse de médecin, en laque du Japon fond noir et pailleté d'or. Elle offre sur une de ses faces un personnage vu à mi-corps, dont les chairs sont exécutées en ivoire sculpté et teint, et dont les vêtements sont laqués. Son bouton d'attache est formé d'une figurine de vieillard, partie en ivoire et partie en bois sculpté. Long. 85 millim.

125 — Autre trousse de médecin, en laque d'or du Japon, décorée d'oiseaux et de feuillages formant rosaces et exécutés en or et couleurs. Le bouton d'attache est en laque noir. Long. 85 millim.

126 — Boîte de forme lenticulaire en laque aventuriné, décorée de paysages et d'oiseaux en relief, dorés et argentés. Diam. 12 cent.

127 — Petite boîte de forme ovale en laque d'or du Japon, décorée de rosaces en or en relief. Haut. 35 millim. ; larg. 70 millim.

128 — Petit vase de forme ovoïde surbaissée, en ivoire, décoré d'arbustes en laque d'or en relief. Couvercle en argent repoussé et découpé à jour, représentant des grues sacrées et des nuages. Travail japonais. Haut. 7 cent.

PORCELAINES

129 — Très-belle garniture de cinq pièces, potiches et cornets à côtes, en ancienne porcelaine de Chine, décorés de médaillons de paysages et de fleurs émaillées en couleurs.

Le fond, émaillé vert foncé, est rehaussé de fleurs et de rinceaux en couleurs. Très-belle qualité ancienne. — Haut. 45 cent.

130 — Beau vase forme bouteille, en porcelaine de Chine, décoré de dragons à cinq griffes, émaillés vert sur fond jaune impérial. Très-belle qualité. Socle en bois sculpté. — Haut. 60 cent.

131 — Deux petits vases modèle balustre, en porcelaine de Chine émaillée rouge haricot. Monture en bronze doré de style Louis XVI. — Haut. 26 cent.

132 — Joli vase en forme de balustre surbaissé et à large ouverture, en porcelaine de Chine fond bleu soufflé. Belle qualité. — Haut. 16 cent.

133 — Coupe de forme ronde et basse, en ancienne porcelaine de Chine craquelée gris et à têtes chimériques saillantes formant anses, émaillées brun. — Haut. 10 cent.; diam. 22 cent.

134 — Petit vase en forme de gourde, en porcelaine de Chine émaillée vert émeraude. Émail très-brillant, reflets métalliques. Bouchon en ivoire. Haut. 16 cent.

135 — Joli vase en forme de bouteille, en porcelaine de Chine émaillée vert émeraude et truitée. Haut. 19 cent.

136 — Vase de forme hexagone en porcelaine de Chine émaillée rouge flambé. Socle en bois sculpté. — Haut., 40 cent.

137 — Vase en forme de balustre surbaissé, en porcelaine de Chine émaillée rouge haricot. Socle en bois sculpté. — Haut., 34 cent.

138 — Vase en forme de balustre élancé, en porcelaine de Chine émaillée rouge haricot. — Haut., 45 cent.

139 — Joli petit vase, en forme de baril à côtes, en céladon bleu turquoise de belle nuance. — Haut., 10 cent.

140 — Petit vase à panse ovoïde en porcelaine de Chine craquelée et émaillée vert d'eau. — Haut., 10 cent.

141 — Deux petits vases en porcelaine de Chine fond bleu clair gravé au trait et décorés de branches de fruits émaillées en couleurs. Haut. 14 cent. 50 —

142 — Deux petites coupes rondes en porcelaine de Chine craquelée et émaillée gris rosâtre.—Haut. 5 cent.; diam. 13 cent. 50 —

143 — Jolie tasse et sa soucoupe en porcelaine mince de la Chine, décorée de fleurs émaillées en couleurs et de figures dans un paysage. Belle qualité. Collection de Ferrol.

144 — Autre jolie tasse en ancienne porcelaine mince de la Chine, décorée de fleurs émaillées en couleurs, et de rinceaux et de fleurs en or. Collection de Ferrol.

145 — Tasse et soucoupe en porcelaine de Chine à cartouches décorés de fleurs émaillées bleu sur fond émaillé carmin. Collection de Ferrol.

146 — Tasse et soucoupe en porcelaine de Chine fond rouge brique et fleurs décorées en rouge et or. Collection de Ferrol.

147 — Plat rond en ancienne porcelaine de Chine, décoré de fleurs émaillées en couleurs, sur un fond couvert de rosaces et d'ornements décorés rouge. Diam. 32 cent.

148 — Deux grands plats ronds en porcelaine de Chine, décorés de plantes aquatiques, de poissons et d'oiseaux émaillés vert et rouge. Cadre en bois noir et filets dorés. Diam. 46 cent.

149 — Vase en forme de balustre à deux anses, têtes chimériques saillantes, en porcelaine de Chine, émaillé noir uni. Socle en bois sculpté. Haut. 36 cent.

150 — Grand bol à couvercle en ancienne porcelaine du Japon, décoré de fleurs et d'ornements en bleu, rouge et or. Haut. 35 cent. ; diam. 31 cent.

FAIENCES ITALIENNES ET AUTRES

151 — Fabrique d'Urbino. — Deux jolis vases modèle cornet, décorés de figures allégoriques, de figures d'amours dans des paysages, et portant des inscriptions.—Haut. 22 cent.

152 — Fabrique de Castel-Durante. — Deux vases modèle balustre, décorés de sujets tirés de la vie du Christ, de trophées d'armes, et portant un écusson armorié soutenu par des génies. Socles et gorges en bois sculpté.—Haut. totale, 45 cent.

153 — Faïence de Perse. — Joli plat rond présentant à son centre un médaillon rond décoré de trois animaux sur fond émaillé bleu turquoise. Cadre en bois noir et filets dorés. — Diam. 30 cent.

154 — Faïence de Perse.—Autre plat rond décoré de fleurs et d'ornements rehaussés d'émail rouge sur fond bleu turquoise. Cadre en bois noir et filets dorés.—Diam. 30 cent.

155 — Faïence de Perse. — Plat rond décoré de fleurs et d'ornements émaillés en couleurs sur fond blanc. Cadre en bois noir et filets dorés. — Diam. 29 cent.

156 — Faïence de Perse. — Plat rond, de décor analogue à celui qui précède. Cadre en bois noir et filets dorés.—Diam. 30 cent.

VERRERIE DE VENISE

157 — Jolie coupe ronde sur piédouche bas, en verre de Venise incolore à nervures saillantes en spirale, et décoré d'une frise à imbrications d'or et points d'émail blanc. XVIe siècle. — Diam. 27 cent.

158 — Jolie coupe ronde en verre de Venise incolore, plissée et à côtes, sur piédouche élevé, à nœud de forme sphérique. Pièce d'une grande légèreté. — Haut. 19 cent. ; diam. 15 cent.

159 — Coupe de forme ronde et surbaissée, en verre-agate de Venise, garnie de deux petites anses travaillées à la pince. — Haut. 8 cent. ; diam. 10 cent.

PORCELAINES, BRONZES, MEUBLES

160 — Deux jolis vases en ancienne porcelaine tendre de Sèvres émaillée bleu de roi. Ils sont montés en forme de cassolettes avec piédouches, galerie découpée à jour, anses têtes de boucs et boutons de couvercles en bronze ciselé et doré. Époque Louis XV. — Haut. 31 cent.

161 — Très-belle armoire en bois noir, garnie de chutes, de frises et de rosaces en bronze finement ciselé et doré. La porte et les côtés cintrés sont vitrés.

Ce beau meuble, de style Louis XVI, destiné à renfermer des curiosités, est garni de quatre tablettes en glace, et tendu de taffetas de soie rouge. — Haut. 1 mèt. 80 cent.; larg. 1 mèt. 65 cent.

162 — Bronze japonais. — Vase très-curieux en forme de sac, à large ouverture plissée, et supporté par trois figurines d'enfants accroupis. Belle patine brune. — Haut. 17 cent.; diam. 23 cent.

163 — Bronze japonais. — Jolie jardinière de forme carré long à angles arrondis et rentrants et à deux anses, décorée de grues sacrées, de tortues et d'ornements finement incrustés en argent. — Haut. 15 cent.; long. 44 cent.; larg. 27 cent.

164 — Bronze japonais. — Petit vase modèle balustre, décoré de grues sacrées en relief. Les anses et les trois pieds sont formés de pommes de pin. — Haut. 21 cent.

165 — Petit lustre, modèle à console, à six lumières, garni de cristaux de roche. Époque Louis XIII. — Haut. 90 cent.

166 — Très-belle table de forme ronde à dessus en malachite, enrichi à son centre d'une mosaïque de Florence, représentant un bouquet de fleurs exécutées en jaspe de

diverses nuances. La table, à quatre pieds et entrejambes, est en bois de citron et bois d'amaranthe, et très-richement garnie de bronzes finement ciselés et dorés au mat. Style Louis XVI. — Diam. 84 cent.

167 — Deux petits vases formant flambeaux, de forme ovoïde, en spath fluor, montés en bronze doré et sur socles carrés garnis de plaques de verre imitant le lapis. Époque Louis XVI. — Haut. 27 cent.

168 — On vendra sous ce numéro les objets omis.

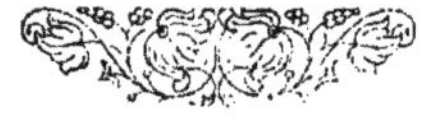

www.ingramcontent.com/pod-product-compliance
Ingram Content Group UK Ltd.
Pitfield, Milton Keynes, MK11 3LW, UK
UKHW022006260726
13994UKWH00004B/1960